湖北省博物馆少儿绘本丛书

博物馆里的节日

春节

主编 钱 红

武汉大学出版社

前　言

越来越多的小朋友走进博物馆，爱上博物馆，爱上博物馆里的文物故事。为此，我们精心打造了《博物馆里的节日》，将14个传统节日、7个公历节日，分别与湖北省博物馆里的21件文物瑰宝链接起来。我们精心设计了湖北省博物馆的文物守护精灵“北北”，还有她的好朋友“湖湖”，让他们带着大家一起穿越时光，了解每个节日的由来；体验每个传统节日的习俗，这些习俗都是中华民族在漫长的历史长河中不断凝聚的宝贵财富，值得我们传承；配上了与文物相关的成语故事、神话故事或历史故事；设置了有趣的“互动问答”，让小朋友在轻松愉快的氛围中学习科普知识。小朋友还可以邀请家长扫描书中的二维码，拓展更广阔的“悦读”空间，了解更多的传统文化，让先民留给我们的精神财富得以传承和弘扬。

钱红

2022年11月

春节
元宵节
除夕
小年
腊八节
冬至
重阳节

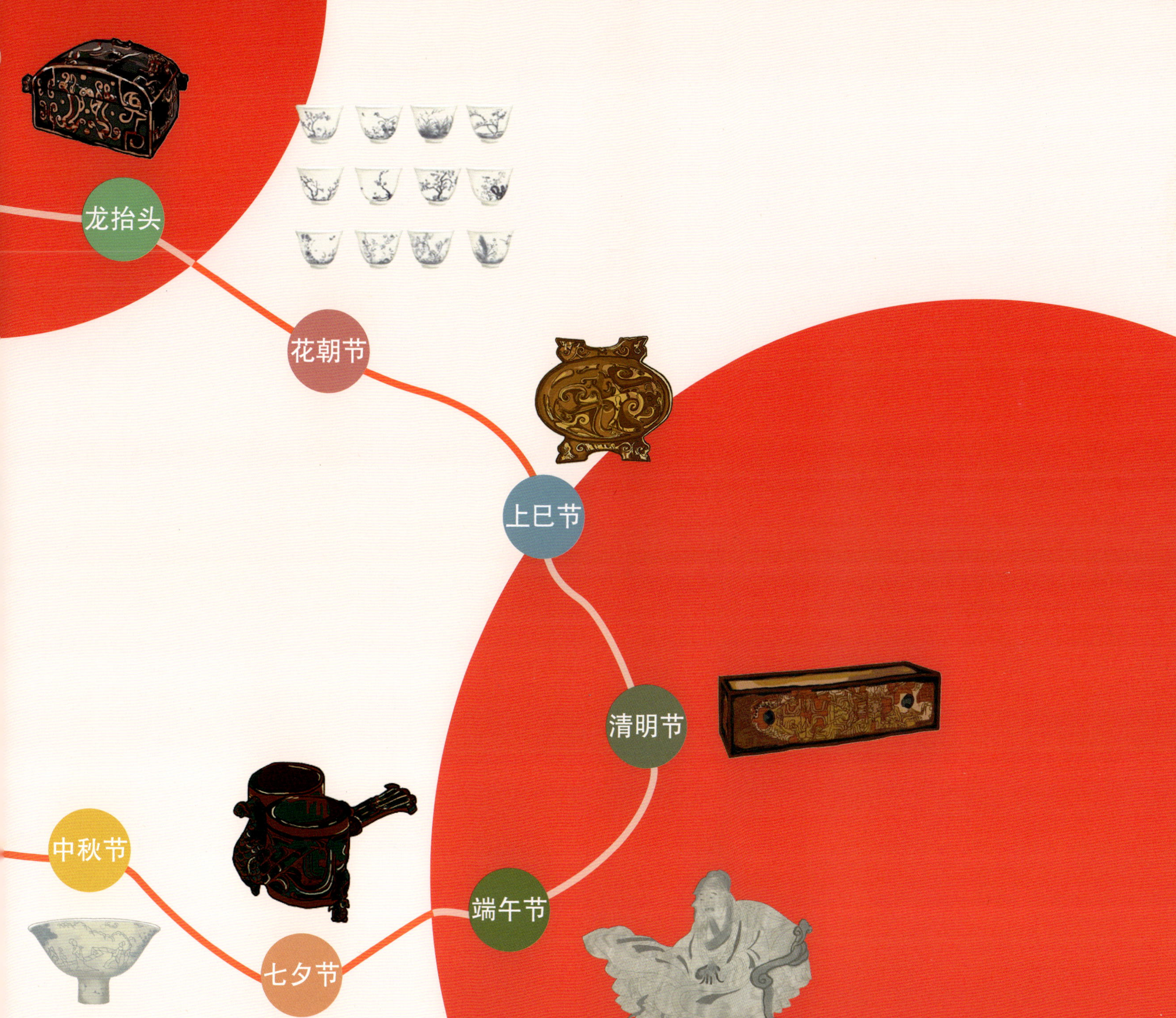
龙抬头
花朝节
上巳节
清明节
端午节
七夕节
中秋节

你好！我叫北北，是湖北省博物馆的文物守护精灵。我可以穿梭时光，带你体验不一样的博物馆节日氛围。旁边是我的好朋友——湖湖。

我们都喜欢湖北省博物馆里的文物，也喜欢听文物背后的故事！这些故事和我们传统节日也有关哦！

爆竹声中一岁除

——元日

元日
（宋）王安石
爆竹声中一岁除，春风送暖入屠苏。
千门万户曈曈日，总把新桃换旧符。
这是谁堆的小雪人啊？

你看踩高跷多有趣呀！
我也想学习。
古诗知识拓展

节日由来

元日是农历正月初一，是春节，又称新春、新岁，人们通常说过年，是中国独有的最盛大、最热闹、最重要的一个传统节日。

节日由来知识拓展

传说很久以前，一种叫“年”的怪兽，每到除夕，会袭击村寨伤害人命，人们只能扶老携幼逃往深山避难，一起度过“年”关。

后来，人们发现“年”最怕红色、火光和炸响。于是每逢春节，家家户户贴红对联、燃放爆竹，把怪兽“年”吓走。

节日习俗

新年到，穿新衣，戴新帽，包饺子，蒸年糕，舞龙灯，踩高跷，迎财神，放鞭炮。

除此之外，全国各地都会举行各种庆祝活动，如办庙会、赏花灯、敲锣鼓、扭秧歌等。

包饺子

贴对联

春联又叫对联，文字对仗工整，抒发人们美好的愿望。此外，人们还会在家里贴福字、窗花等年红。

拜年

大年初一，人们穿上新衣服，拜访亲友，说着祝福的话语，恭贺彼此度过“年”关。同辈之间称为“贺年”，晚辈向长辈跪拜叫“拜年”。

压岁钱

“岁”与“祟”同音，“压岁”寓意压住不吉利的东西，平平安安度过一年。拜年时，长辈会给晚辈“压岁钱”。

放鞭炮

起初，人们把竹节放进火里，发出“噼啪”的响声，把“年”吓跑，所以称为“爆竹”。

后来，人们发明了火药，开始制作鞭炮，并在春节放鞭炮。

过年放鞭炮，“噼里啪啦”真热闹。

蒸年糕

过年蒸年糕，年年都高！

迎财神

初五迎财神咯！

踩高跷

过新年，踩高跷，步步高升！

文物链接

曾侯乙编钟

1978 年出土于湖北随州，距今 2400 多年，是曾国一位名字叫乙的国君的乐器，也是体现他身份的礼器。曾侯乙在春节这样的重大节日里，会用编钟奏乐祭祀，祈求国泰民安，也会在宴请宾客时奏响编钟。

文物知识拓展

成语故事
金声玉振："金"指编钟，"玉"指编磬。古人奏乐，以编钟起头，以编磬收尾，称为"一成"。金声玉振是孟子赞美孔子的成语，说孔子是集众音之大成者，后来用于形容一个人德才兼备、学识渊博。

我来给你科普一下。
周代“制礼作乐”，乐器是国家与贵族身份的标志。乐器也是礼器呢。
这音乐好好听呀。

互动问答

大家是不是对春节有了一些了解呢？现在来和我一起看看后面的题目吧。

1. 下列选项哪个不是春节？（ ）

A. 新岁　B. 过大年　C. 小正月

2. 下列哪一项不是春节期间的庆祝活动？（ ）

A. 挂艾草与菖蒲　　B. 舞龙舞狮　　C. 逛花街与赏花灯

3. 钟和磬是重要的乐器和礼器，因此有（ ）的说法。

A．制礼作乐　　B. 钟鸣鼎食　　C．金石之声

4. "金声玉振"是孟子赞美孔子的成语，后来用于形容一个人（ ），学识渊博。

A. 乐器演奏技术高超　　B. 德才兼备　　C. 歌唱得好听

答案

图书在版编目(CIP)数据

博物馆里的节日.春节/钱红主编.—武汉:武汉大学出版社,2023.5
湖北省博物馆少儿绘本丛书
ISBN 978-7-307-23746-9

Ⅰ.博… Ⅱ.钱… Ⅲ.春节—风俗习惯—中国—少儿读物 Ⅳ.K892.1-49

中国国家版本馆 CIP 数据核字(2023)第 078596 号

责任编辑:李　玚　　责任校对:李孟潇　　装帧设计:何家辉　徐世林

出版发行:**武汉大学出版社**　(430072　武昌　珞珈山)
(电子邮箱:whu_publish@163.com)
印刷:武汉市金港彩印有限公司
开本:880×1230　1/16　印张:25　字数:157 千字
版次:2023 年 5 月第 1 版　2023 年 5 月第 1 次印刷
ISBN 978-7-307-23746-9　定价:298.00 元(全 15 册)
